ALEJO Y SU PANDILLA

Misterio en Cartagena de Indias

Edi numen

ISBN Lectura: 978-84-9848-176-1
ISBN Lectura con CD: 978-84-9848-173-0
Depósito Legal: M-8673-2010
Impreso en España
Printed in Spain

Coordinación pedagógica:
María José Gelabert

Coordinación editorial:
Mar Menéndez

Diseño de portada:
Carlos Casado
Diseño y maquetación:
Carlos Casado
Ilustraciones:
Olga Carmona y Carlos Casado
Fotografías:
Archivo Edinumen
Impresión:
Gráficas Glodami. Coslada (Madrid)

Editorial Edinumen
José Celestino Mutis, 4. 28028 - Madrid
Teléfono: 91 308 51 42
Fax: 91 319 93 09
e-mail: edinumen@edinumen.es
www.edinumen.es

En la grabación de la lectura se han eliminado algunas acotaciones de los diálogos para conservar la naturalidad de los mismos.

Índice

Contenido **Página**

Antes de empezar a leer

1. **Identifica la silueta de Colombia entre todos estos países.**

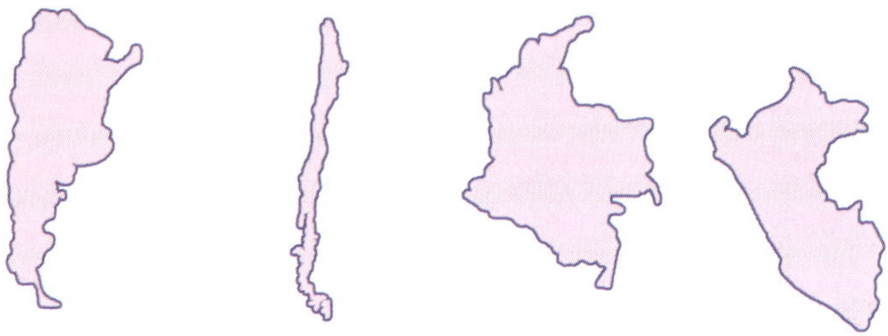

1. ....
2. ....
3. ....
4. ....

2. **Asocia las siguientes ciudades y países.**

1. Medellín •	• **a.** Ecuador
2. Quito •	• **b.** Chile
3. Valparaíso •	• **c.** Colombia
4. Bogotá •	• **d.** Argentina
5. Córdoba •	• **e.** Uruguay
6. Cartagena de Indias •	
7. Guayaquil •	
8. Montevideo •	
9. Mendoza •	
10. Cali •	

3. **¿Cuáles de estos personajes son colombianos?**

	Sí	No
a. Diego Maradona.	☐	☐
b. Ingrid Betancourt.	☐	☐
c. Hugo Chávez.	☐	☐
d. Rafael Nadal.	☐	☐
e. Fernando Botero.	☐	☐
f. Jorge Luis Borges.	☐	☐
g. Gabriel García Márquez.	☐	☐
h. Gabriel Batistuta.	☐	☐

4. **Si has leído el primer libro y el segundo... ya lo sabes. Di si es verdadero o falso.**

	Verdadero	Falso
a. Alejo es hijo único y vive en Madrid.	☐	☐
b. Ángela y María José son gemelas.	☐	☐
c. Elsa y Julián son arquitectos.	☐	☐
d. Diego es colombiano.	☐	☐
e. Los gemelos han estado en Buenos Aires.	☐	☐
f. Martín es argentino y estudia música.	☐	☐
g. Alejo tiene un perro.	☐	☐
h. Alejo escribe un diario.	☐	☐

5. **Sopa de letras. Identifica 7 cosas por las que es famosa Colombia.**

B	I	M	E	T	O	C	V	I	A	D	U
I	R	E	S	M	E	R	A	L	D	A	S
O	Q	U	E	S	A	D	I	L	L	A	S
D	I	C	A	F	E	P	U	N	T	O	S
I	L	V	A	L	L	E	N	A	T	O	C
V	Z	A	R	O	N	U	N	C	A	T	O
E	B	R	U	R	O	X	A	C	E	R	G
R	S	U	R	E	C	A	M	A	S	T	A
S	A	M	B	S	Y	A	S	R	I	L	E
I	E	S	T	C	U	M	B	I	A	O	L
D	I	A	M	A	N	T	E	B	E	S	L
A	B	S	O	L	U	T	A	E	S	S	O
D	I	N	O	S	A	U	R	I	O	U	S

6. **Di si es verdadero (V) o falso (F).**

	Verdadero	Falso
a. Colombia limita con Venezuela.	☐	☐
b. Colombia es el país más pequeño de América del Sur.	☐	☐
c. La capital de Colombia es Caracas.	☐	☐
d. En Colombia no hay montañas.	☐	☐
e. Cartagena de Indias está en la costa.	☐	☐

Capítulo 1

Alejo levantó la vista de su diario, dispuesto a ir al trastero de la terraza y a hacer callar de una vez a las gemelas y a Lorenzo. Desde que volvieron de Argentina, hace ya unos cuantos meses, Lorenzo se tomó muy en serio la idea del grupo de rock. No le fue difícil convencer a las gemelas, ya que ellas también saben música. Elsa, la madre de Alejo, y Julián, su marido y padre de las gemelas, aceptaron prestarles el trastero para ensayar. Lo limpiaron, lo ordenaron y pegaron unas cuantas cajas de huevos en las paredes para insonorizarlo. Pero el truco no resultó, y hasta Félix, el gato, se ponía tan nervioso con el ruido que no le quedaba más remedio que entrar y sentarse a dormir en un sillón. A su vez, esto enfurecía a Elsa, que no soporta la casa llena de pelos.

Alejo se levantó a cerrar la puerta de su habitación y leyó lo que tenía escrito:

Querido diario:

Ayer llamó Jorge desde Buenos Aires. Es el marido de Etelvina, la madre de las gemelas. Era para contarnos que nació Nina, su hija. Las gemelas se pusieron locas de contentas y le pidieron una foto. Jorge les prometió algo mejor: una hora más tarde nos conectamos a skype y pudimos ver a Etelvina en la maternidad con el bebé en brazos. Roberta y Ángela decían que su hermanita era preciosa, pero a mí me pareció bastante fea, la verdad. Etelvina dijo que se parecía a ellas, pero Nina tiene el pelo oscuro y las gemelas son muy rubias.

En la cena las chicas le dijeron a su padre que querían ir a Buenos Aires a conocer a Nina.

–Podrían viajar para Semana Santa –sugirió Julián.

–Eso es dentro de diez días. ¿Encontraremos billetes?

–Todo es cuestión de intentarlo. Mañana llamo a la agencia –dijo Elsa.

–Yo también quiero ir –anunció Alejo.

–Cariño, no podemos pagar tantos billetes. Ten un poco de paciencia que en pocos meses nos vamos a Colombia –le explicó su madre.

Alejo estuvo en Argentina el verano anterior, con su madre, Julián, las gemelas y los gemelos, que son los hijos de Oriana, la mujer de Ramón, su padre. Fue un viaje fantástico. Allí conoció a Etelvina, a Jorge y a la abuela Susy. Además coincidieron con Martín, un amigo del colegio de Madrid que es argentino, y Silvia, su hermana. Pasaron con ellos unos días en el campo y vivieron una aventura muy emocionante.

Además, durante ese viaje, Ángela, una de las gemelas y Pablo, uno de los gemelos, se hicieron novios. Martín y Roberta, la otra gemela, estuvieron a punto, pero al volver a Madrid a ella empezó a gustarle Lorenzo, el compañero colombiano con el que formaron el grupo de rock.

Lorenzo llegó a España cuando tenía diez años, con sus padres y sus hermanos. Antes vivían en Bogotá, pero como la familia de su madre es de Cartagena de Indias, solían pasar todos los veranos y las vacaciones allí. Sus abuelos tienen una casa grande en el casco antiguo y su abuelo, que ahora está jubilado, fue alcalde de la ciudad.

Hace un par de meses, a Elsa y Julián, que son arquitectos, les propusieron un trabajo en Colombia, concretamente en un pueblo cerca de Cartagena, por el que pasó el coletazo de un huracán y lo destruyó todo. La Agencia Española de Cooperación Internacional va a subvencionar la reconstrucción de uno de los pueblos arrasados, y Elsa y Julián tienen que viajar para poder luego armar el proyecto.

Capítulo 2

Querido diario:

Siento mucho no haberte escrito antes, pero el caso es que desde abril he estado liadísimo.

Las gemelas consiguieron viajar a Buenos Aires en Semana Santa. Se fueron cargadas de regalos para toda la familia, pero sobre todo para Nina. Volvieron supercontentas porque su nueva hermana es muy guapa y muy buena. Aprendieron a cambiarle los pañales, a cantarle canciones de cuna antes de dormir y sacaron un montón de fotos.

Además, contaron que su madre y Jorge hicieron obras en la casa y unieron los dos departamentos, así que, la próxima vez, tendremos donde quedarnos.

Los gemelos lograron pasar otro año de escuela y se clasificaron para participar en un torneo de tenis juvenil.

Lorenzo y las gemelas dieron su primer concierto y tuvieron mucho éxito. Ahora dicen que quieren grabar un CD.

Mientras tanto, mi madre y Julián empezaron a planear el viaje a Colombia y se pusieron de acuerdo con los padres de Lorenzo para dejarnos solos, a las gemelas y a mí, unos días en Cartagena, en la casa de los abuelos de Lorenzo. Mi madre estaba bastante preocupada porque dice que Colombia es un país peligroso, pero parece que Cartagena es un lugar seguro.

Y aquí estamos, todos en el avión, esperando aterrizar en Bogotá.

El avión llegó a la capital de Colombia a las dos de la tarde. En la salida internacional había un montón de gente.

–Ahí está –exclamó Julián cuando vio a un hombre de unos cuarenta años, alto y con bigote, que llevaba un cartel de la Agencia de Cooperación.

Julián se acercó a él y le dio la mano.

–Encantado.

–El gusto es mío. Bienvenidos a Colombia.

–Gracias. Le presento a la arquitecta Sánchez –dijo señalando a Elsa.

Ismael Pizarro era el encargado de acompañarlos al hotel, de mostrarles la ciudad y llevarlos de nuevo al aeropuerto al día siguiente.

Cuando llegaron a la ciudad era casi de noche.

–Les reservamos dos habitaciones en el hotel Cundinamarca, en el barrio de La Candelaria. Es el corazón histórico y cultural de la ciudad.

–Ahí está la iglesia del Carmen, ¿verdad? –preguntó Alejo, que consultó mucho Internet.

–Sí, Nuestra Señora del Carmen. Miren, miren, ¡ese es el cerro de Monserrate!

Todos miraron hacia arriba para ver un edificio en medio de inmensas nubes negras.

–¿Qué es? –preguntó Roberta.

–Es un santuario. Si quieren, mañana los acompaño. Hay una vista hermosísima de la ciudad.

–Papi, me siento mareada –se quejó Ángela.

–Claro... Estamos a 2600 metros sobre el nivel del mar. Te tomas un aguapanela y ya está –le explicó Ismael.

Cenaron en un restaurante cerca del hotel con Ismael, su mujer y sus dos hijos: Andrea y Gerardo. Julián, Elsa e Ismael hablaron de trabajo, Alejo descubrió que Gerardo era un experto en la Liga española. Andrea y su madre tenían mucha curiosidad por saber cómo se vivía en Madrid: las gemelas estaban en su salsa, aunque ahora las dos se sentían mareadas.

–¡Tienen que probar el ajiaco!

–¿Lleva carne? –preguntó Alejo.

–Lleva pollo y una hierba especial que se llama "guasca" –dijo Andrea orgullosa.

Al día siguiente se levantaron muy temprano para aprovechar el día.

–El vuelo para Cartagena sale a las 6 y media de la tarde. Daos prisa, por favor –dijo Elsa.

Visitaron el centro histórico de la ciudad, el museo del Oro y el famoso cerro Monserrate.

–La próxima vez los llevamos al museo Botero –anunció Ismael.

"¡Qué suerte!", pensó Alejo que también se sentía algo mareado.

Todos se quedaron dormidos durante el vuelo. Cuando el avión aterrizó era completamente de noche.

Capítulo 3

Lorenzo y sus abuelos ya estaban allí y los esperaban en el aeropuerto. La abuela tenía un ramo de flores en la mano y una caja de dulces.

–¡Qué calorcito! –dijo Ángela.

–¡Ya me siento bien! –dijo Roberta.

–¡Bienvenidos al Caribe, chicos!

Lorenzo abrazó a Alejo y a las gemelas. Sobre todo a Roberta. Estaba moreno y llevaba pantalones cortos y una camiseta.

El aeropuerto está junto al mar y soplaba una brisa fresca.

–Tenemos una reserva en el hotel Santa Clara.

–¡Huy! ¡Qué lujo! Los acompañamos –dijo el abuelo de Lorenzo.

El hotel ocupaba el edificio del antiguo convento de Santa Clara. Se construyó en el siglo XVII y durante un tiempo fue hospital. Hoy en día es un hotel de cinco estrellas, ubicado en la plaza de San Diego, en pleno casco antiguo de la ciudad.

Se despidieron en la puerta del hotel y el abuelo de Lorenzo prometió acompañarlos a dar un paseo por la ciudad al día siguiente.

Elsa y Julián se levantaron muy temprano.

–¡Qué raro es el día en el trópico! –comentó Julián.

–Sí, todo empieza y termina muy pronto.

A las siete de la mañana Cartagena estaba ya en plena actividad: repartidores de hielo, puestos ambulantes de jugos de fruta, de arepas, de plátano frito. A esa hora hacía ya muchísimo calor y el sol quemaba tanto como al mediodía.

Cuando bajaron al salón comedor, Alejo y las mellizas estaban desayunando, rodeados de un grupo de camareros. Al ver a Elsa y a Julián les explicaron sus recientes descubrimientos.

–El maracuyá es una fruta de América, ¿quieren probar?

–Probad el jugo de tomate de árbol. No es salado –sugirió Alejo.

–El de mango es más rico –añadió Roberta.

–Bueno, por lo visto se han adaptado muy rápido –dijo Julián.

–En un rato pasará a buscarnos el abuelo de Lorenzo. Daos prisa –comentó Elsa.

–Pero si son las ocho de la mañana...

A las nueve de la mañana Don Efraín pasó a buscarlos por el hotel. Llevaba una guayabera y un sombrero vueltiao.

–Pónganse un sombrero porque el sol está muy fuerte –ordenó.

–¿Y Lorenzo? –quiso saber Roberta.

–Fue a acompañar a su abuela al hospital. Nada grave –concluyó el abuelo.

Salieron a la plaza de San Diego y giraron a la derecha. Se pararon frente a una esquina rodeada de un inmenso muro y muchos árboles.

–Miren, esta es la casa de Gabo.

–¿Quién es Gabo? –preguntó Alejo con curiosidad.

–Gabriel García Márquez, el escritor. Nuestro Premio Nobel de Literatura.

A Alejo le dio mucha vergüenza no saber quién era Gabo, porque le encanta leer. Además, antes de viajar leyó un montón de páginas de Colombia, pero ese dato se le escapó.

–No se preocupe –le dijo Efraín pasándole una mano por la cabeza–, en mi casa tengo todos los libros, se los presto.

–Miren, el mar... –exclamó Ángela.

–Y la muralla –continuó Roberta.

–Vamos a empezar por el principio, vengan conmigo –dijo Efraín.

Anduvieron por una calle llena de gente y de tiendas y llegaron al otro lado de la muralla.

–Esta es la Puerta del Reloj –dijo Efraín orgulloso–. La Torre del Reloj está en la puerta que era la entrada principal a la ciudad amurallada. Lo primero que se ve dentro es el Patio de los Coches y el Portal de los Dulces. ¿Quieren probar? Son muy sabrosos...

Todos se acercaron al puesto de una mujer negra, vestida de blanco.

–¿Qué es esto? –preguntó Roberta.

–Son cocadas –respondió el abuelo.

–¿Y esto?

–Se llaman suspiros.

Los chicos, entusiasmados con los dulces, no paraban de hacer preguntas. Un grupo de turistas con un guía, rodeaba una estatua.

–Es Pedro de Heredia, fundador de Cartagena en 1533.

–¿Y por qué hay tanta gente de color? –preguntó Alejo con timidez.

–Porque Cartagena era un puerto de esclavos. Los traían de África.

–¡Qué horror! –comentó Ángela.

–Sí, pero hubo muchos rebeldes que se escaparon y se refugiaron en los llamados "palenques".

–Como Palenque de San Basilio –intervino Julián.

–Sí, voy a llevar a los niños un día de estos –anunció el abuelo.

–Mañana, Elsa y yo vamos a trabajar a un pueblo que está muy cerca de ahí –dijo Julián.

Capítulo 4

Querido Diario:

Fue un día estupendo. Todos se quejaban del calor, pero la verdad es que no me pareció para tanto. Cartagena es una ciudad guapísima y voy a tratar de describirla lo mejor posible.

Es antigua y está rodeada de una muralla. Aquí hubo de todo: piratas, corsarios y esclavos rebeldes a los que llamaron cimarrones.

Hay muchísimas iglesias y el abuelo de Lorenzo nos hizo entrar en todas: la de Santo Domingo, la catedral, la de San Pedro y otras más que ya no recuerdo. Las calles son muy alegres y suena música por todos lados. A veces se mezclan las canciones y ya no se sabe qué escuchar.

Las casas son muy antiguas y bonitas, con balcones de madera llenos de flores, rejas de madera en las ventanas y unos portones muy originales que tienen unas cerraduras con figuras. Mi madre dice que se llaman aldabas, pero esa palabra no la había oído nunca.

En algunas calles no hay carros, que es la palabra que aquí se usa para decir "coche".

Esta mañana mi madre y Julián se han marchado y nosotros nos hemos quedado en la casa de Efraín. Marta, la abuela, es muy cariñosa y la casa es preciosa. Como hace mucho calor, yo he decidido dormir en una hamaca, en el patio. ¡Es muy cómoda!

Roberta está como atontada con Lorenzo, así que esta tarde, después de la playa, me iré a dar un paseo con Ángela. Ella también está como tonta y se pasa el día en los locutorios con Internet a ver si hay algún correo de Juan Carlos. En fin... sin comentarios.

Marta y los chicos se subieron a la buseta a las nueve y media de la mañana. Llegaron a Bocagrande, y a las diez y cuarto estaban en la playa. A lo largo de la costa se veían rascacielos, tiendas de moda y restaurantes. Era

casi como estar en Benidorm.

–Parece otra ciudad –comentó Alejo.

–A mí me gusta más la ciudad antigua –exclamó Ángela decidida.

–¡Qué olas más bacanas! –gritó Lorenzo.

La temperatura fuera del agua era casi insoportable. Marta compró el periódico, se sentó debajo de una carpa y se puso a leer. Mientras tanto, los chicos se bañaron infinidad de veces y Lorenzo les enseñó a coger las olas en el momento justo. Le compraron agua de coco a un vendedor ambulante y también unas bolas de tamarindo. Son unos dulces de fruta y azúcar. A las doce volvieron a la casa, almorzaron y... a dormir la siesta. Alejo se acercó a Don Efraín:

–¿Puedo ver sus libros?

–Claro, venga.

Subieron las escaleras y entraron en una inmensa habitación llena de librerías, de fotos antiguas y de trofeos.

–Te dejo solo. Puedes mirarlos todos...

–¿Están en orden alfabético?

–¿Buscas los de Gabo? Ahí están, cerca de la ventana. Yo me voy a descansar un ratico.

Alejo descubrió un auténtico tesoro en aquella habitación. Se acercó a las fotos que se encontraban en una de las paredes: Don Efraín joven, rodeado de gente; en otra está recibiendo una medalla; en otra, junto a Marta. De repente, Alejo se detuvo frente a una serie de fotos pequeñas, enmarcadas y colocadas en fila. "Las aldabas de las puertas", dijo en voz alta. Las fotografías eran antiguas y en blanco y negro. En algunas, casi no se distinguían las figuras.

Distraídamente Alejo se acercó al estante donde estaban los libros de García Márquez. Había por lo menos diez ediciones de *Cien años de soledad*. Alejo decidió coger la menos lujosa. Abrió la primera página y leyó:

Dentro había también una fotografía. Era de una de las aldabas de las puertas, pero completamente dorada. Volvió a ponerla dentro del libro y cerró la puerta tras de sí.

Capítulo 5

Alejo levantó la vista del libro cuando empezó a oír ruido a su alrededor.

–¿Vamos a dar una vuelta? –le preguntó Ángela.

–¿Y los chicos?

–No se les puede ni hablar. Solo quieren estar juntos todo el día –contestó fastidiada.

–Igual que como te pones tú con Juan Carlos...

–Antipático –le respondió y le sacó la lengua.

–Dame un minuto, que quiero llevar la cámara de fotos. Se me ha ocurrido una idea...

–Si no te importa...

–Sí, ya sé, quieres pasar por el locutorio. Vale, yo también iré a ver cuál de mis admiradoras me ha escrito –respondió riéndose.

En la calle reinaba una extraña calma. A lo lejos se oía un vallenato mezclado con una cumbia. Los vendedores de collares, aretes y anillos empezaban a ocupar la plaza de San Diego.

–Me los compraría todos –exclamó Ángela con un collar de semillas en la mano.

–Pero si tú no llevas nunca nada –le respondió Alejo claramente aburrido de mirar cosas de chicas.

–Pero este lugar me inspira –le respondió Ángela.

El locutorio estaba bastante lleno y solo quedaban dos ordenadores libres. Alejo entró en la página de su correo y se encontró con varios mensajes nuevos. De Fernando, de los mellizos, de Ramón, su padre, y uno de María José. Sintió que se ponía colorado y echó un vistazo a su derecha para saber si Ángela lo estaba mirando. Nada, ella estaba absorta en la lectura y hasta le pareció que se le caía una lágrima.

El correo de María José no ponía nada en "asunto". Lo abrió y se quedó de piedra:

> Te echo de menos,
> María José

"¿Y ahora qué le contesto?", pensó.

–Estoy afuera –le dijo a Ángela mientras cerraba su correo.

–Esperame, que ya voy.

Cuando salieron del local con aire acondicionado, volvieron a sentir el calor de la tarde.

–Quiero sacar unas fotos. ¿Me acompañas?

–Sí, ¿qué vamos a fotografiar?

–Puertas.

–¿Puertas? ¿Puertas normales?

–Las puertas de aquí no son normales. ¿No te has fijado en las aldabas? –preguntó con aire intelectual.

–¿Las qué?

–Esas piezas metálicas que sirven para llamar a la puerta.

–No, la verdad es que no.

–Ven, que te muestro algo.

Alejo tomó muchísimas fotos y logró entusiasmar a Ángela en el proyecto. Las aldabas eran todas diferentes, pero muchas de las figuras estaban repetidas, sobre todo las de leones, caballitos de mar e iguanas.

–Acá tenés otro león. Es rarísimo –gritó Ángela.

Alejo documentó todas las puertas hasta que cayó la noche. Y en todo momento tuvo la impresión de que alguien lo estaba mirando.

–Mañana seguimos. No quiero usar *flash* –anunció, dándose la vuelta para ver si veía a alguien.

–Yo quiero comprarme un collar. ¿Me acompañás?

–Vale, pero solo si me prestas tu ordenador para una cosa que tengo que hacer.

–Trato hecho –respondió Ángela dándole la mano.

Cuando regresaron a la plaza de San Diego no se podía ni caminar. Artesanos con tejidos colocados en el suelo y cubiertos de bisutería intentaban convencer a los turistas de la originalidad de cada pieza. Los restaurantes habían instalado sus terrazas fuera, y había además grupos de cartageneros fumando, charlando y tomando ron. Ángela volvió decidida al puesto que había visto antes.

–A mí este es el que más me gusta.

–Esa semilla la protege contra la mala suerte, mami. Se llama "ojo de venado".

–A mí me gusta más el collar rojo –comentó Alejo.

–No, es muy común. Lo usan todas.

–Yo voy a llevar el rojo –concluyó Alejo sacando la cartera del bolsillo.

–¿Y vos para qué querés un collar?

–Para regalar –respondió. Y agradeció que hubiera poca luz. Tenía las mejillas ardiendo.

Párate un momento

1. Señala cuál de estas afirmaciones resume mejor lo dicho en el texto.

1. Capítulo 1
   a. Elsa y Julián van a viajar a Colombia para hacer turismo.
   b. Alejo, las gemelas y los gemelos van a viajar a Colombia.
   c. Elsa y Julián van a viajar a Colombia por trabajo.
2. Capítulo 2
   a. Todos se aburrieron mucho en Bogotá.
   b. En Bogotá conocieron a gente interesante.
   c. No tuvieron tiempo de visitar la ciudad.
3. Capítulo 3
   a. Cartagena de Indias es una ciudad antigua.
   b. Cartagena de Indias no es una ciudad turística.
   c. Cartagena de Indias está a orillas de un río.
4. Capítulo 4
   a. Las aldabas sirven para cerrar las ventanas.
   b. En Cartagena hay mucho tráfico.
   c. El abuelo Efraín conoció a Gabriel García Márquez.
5. Capítulo 5
   a. Alejo y Ángeles tomaron fotos de los principales monumentos.
   b. Alejo y Ángela tomaron fotos de las puertas.
   c. Roberta se compró un collar.

2. Elige la opción correcta.

1. Nuestra Señora del Carmen es un a. museo/b. santuario que está en el cerro de Monserrate.
2. Gabo es el nombre por el que se conoce al a. escritor/b. pintor Gabriel García Márquez.
3. La guayabera es una prenda para a. mujeres/b. hombres.
4. Una aldaba es una pieza de hierro que se pone en las puertas para a. llamar/b. atar los caballos.

Capítulo 6

Ángela estrenó de inmediato su collar nuevo. Alejo y ella regresaron a la casa antes de la hora de cenar.

–La comida está servida –dijo Marta recibiéndolos en la puerta.

–Gracias, aunque me cuesta pensar que la comida es la cena –concluyó Alejo.

Alejo y Ángela se lavaron las manos y se sentaron a la mesa. Lorenzo y Roberta ya estaban allí, al igual que los abuelos.

–¿Dónde se metieron? –preguntó Roberta un poco enfadada.

–Nos fuimos a dar una vuelta –¿Y ustedes?

–Nosotros estuvimos ensayando un rato. Te recuerdo que en el grupo somos tres...

–Pero...

–Nada de peleas, niñas –dijo Efraín levantando un poco la voz.

El abuelo tenía una voz tan dulce y tan decidida al mismo tiempo, que las gemelas se callaron.

–¿Qué pescado es este? –preguntó Alejo.

–Es pargo rojo, y ahí tienes patacones. Sé que te gustan –le respondió Marta guiñándole un ojo.

Cuando terminaron de cenar eran apenas las ocho de la noche. Alejo le pidió a Ángela el ordenador y le pidió permiso a Don Efraín para subir a la biblioteca. Se llevó también el ejemplar de *Cien años de soledad*.

–Eligió la mejor edición. Cuídemela mucho.

Las gemelas tenían un ordenador portátil que les regalaron los Reyes Magos. Alejo lo encendió y conectó su cámara de fotos. Apretó la tecla derecha del ratón y creó una carpeta que llamó "Aldabas de Cartagena". Descargó las fotos, borró la tarjeta de memoria de la cámara y se preparó a mirar las imágenes. Creó varias subcarpetas: *león, caballito de mar, iguana, otros*. Pero antes de colocar las fotos en su carpeta correspondiente, les echó una mirada a todas. Abrió el libro y sacó la foto del abuelo Efraín. Era un maravilloso hipocampo dorado. Encontró uno igual entre sus fotos, pero el de su foto era de hierro. "¡Qué raro!", pensó, "Son idénticos". Amplió un poco la foto y comprobó cómo era la puerta. Parecía tratarse del mismo portón de madera. Si de algo estaba seguro era de que en Cartagena no había dos puertas iguales. Miró alternativamente la foto del abuelo y la suya varias veces. Jugó a acercar la imagen que él mismo había tomado, y a alejarla. Analizó cada detalle. El hipocampo parecía antiguo, salvo por un detalle: los tornillos eran nuevos, brillaban mucho. Recordó un comentario de Julián mientras montaba una estantería en el piso de Madrid:

–¡Estos tornillos con cabeza de estrella son maravillosos! Antes no había.

Miró la foto del abuelo y trató de identificar los tornillos.

–Nada, esta foto es muy vieja –comentó en voz alta.

En ese momento oyó una voz y la puerta se abrió. Era Ángela.

–¿Estás hablando solo? –le dijo riéndose.

–Ven, siéntate y mira esto conmigo –le propuso.

Alejo le contó a Ángela lo que acababa de descubrir.

–Pero, ¿cómo se te ocurrió? –quiso saber Ángela.

–Nada, en realidad quería regalarle unas fotos al abuelo Efraín. Mira todas las que tiene... –Alejo se puso de pie y le mostró a Ángela la colección del abuelo.

–Como estas son muy viejas, pensé en regalarle una nueva colección.

–Comparemos las otras fotos –propuso Ángela.

–Excelente idea. Por ahora, esto es un secreto entre tú y yo...

–Pero si somos más, podemos descubrir más cosas.

Alejo reflexionó un momento.

–¿Llamamos a Roberta y a Lorenzo? –dijo.

Capítulo 7

Al día siguiente los chicos decidieron no ir a la playa. Querían aprovechar las horas de luz para sacar todas las fotos posibles.

–¿Y por qué hay que tomar fotos? –preguntó Lorenzo.

–Para no llamar la atención. Es mejor fingir que estamos tomando fotos de la ciudad, de las iglesias, de las calles. Le damos al *zoom* y...

–Y nadie se da cuenta de lo que estamos haciendo –concluyó Roberta.

–Sí, además ayer tuve la sensación de que alguien nos miraba –continuó Alejo.

–No nos asustes, che –dijo Ángela.

–¿No es mejor si hablamos con mi abuelo?

–No, todavía no. Vamos a ver si descubrimos algo más.

Alejo distribuyó las tareas del día. Por la mañana tenían que terminar de tomar las fotos y él intentaría escanear la imagen que encontró dentro del libro del abuelo Efraín.

A las diez de la mañana ya estaban todos en la calle. Ángela y Alejo recorrieron varios locutorios hasta encontrar uno con escáner. Además, Alejo quería aprovechar para responderle a María José.

Ángela también chequeó su correo y casi saltó en la silla al ver que tenía un mensaje de Juan Carlos. Alejo abrió su casilla, luego, el mensaje de María José y le respondió:

> Yo también.

Encontró un mensaje de Gerardo, el chico colombiano que conocieron en Bogotá:

> Hola, amigos:
> Me da mucho pesar, pero creo que no podremos ir a Cartagena. Mi madre no puede llevarnos.
> Les deseo a todos unas felices vacaciones. ¿No vuelven por Bogotá?
> Un abrazo,
> Gerardo

Ese mensaje podía esperar, pensó Alejo. Sacó la foto de su mochila y escaneó la imagen con la máxima resolución. Detrás de él estaba parado uno de los empleados del locutorio, así que se apresuró a sacar la llave, pasar la imagen, eliminarla del ordenador y vaciar la papelera.

–Vamos a casa inmediatamente. Necesitamos tu ordenador.

Cuando regresaron eran más de las once y media. Subieron el portátil a la biblioteca, Alejo conectó su llave y sí, tenía razón, los tornillos eran diferentes.

Diez minutos más tarde llegaron Roberta y Lorenzo.

–A nosotros también nos pareció que alguien nos miraba –dijo Lorenzo jadeando, después de haber subido las escaleras corriendo.

–¿Sacaron las fotos? –preguntó Ángela.

–Sí, aquí están.

Alejo conectó la máquina de fotos y descargó las nuevas imágenes. Las colocó en las carpetas correspondientes y luego los cuatro miraron atentamente todas las imágenes. Al concluir, Roberta exclamó:

–¿Se dieron cuenta de que solo los caballitos de mar y las iguanas tienen tornillos nuevos?

Todos se quedaron atónitos ante el descubrimiento.

–Eso quiere decir que no es casual... –sugirió Alejo.

–¿Significará algo? –preguntó Lorenzo.

–Chicos, esta tarde, todos al locutorio. Tenemos que saber qué significado tienen esos animales.

–¿Por qué no le pedimos ayuda a Martín? ¡Es un genio para esto de la informática! –propuso Roberta. Lorenzo le echó un vistazo de reproche y Roberta le dio un beso en la mejilla.

–Buena idea. Yo le escribo. ¿Está en Argentina? ¿Cuántas horas habrá de diferencia? –dijo Alejo.

–Creo que dos. Vayamos tempranito, y así le va a dar tiempo a contestarnos –concluyó Ángela.

–Todos con el Messenger abierto, por favor. Tenemos que disimular –dijo Lorenzo.

Por la tarde los chicos se dedicaron a buscar en Google toda la información que necesitaban.

A las cuatro de la tarde se reunieron en la biblioteca del abuelo y pusieron en común sus conclusiones.

–El caballito de mar, o hipocampo, es un pez... –empezó Roberta.

–¿Un pez? –preguntaron todos a coro.

–Un pez. Es símbolo de la fidelidad, porque eligen una pareja para toda la vida.

–¡Ajá! –dijo Alejo.

–Y además, se lo consideraba doble, mitad caballo, mitad marino.

–La iguana –continuó Ángela– también es doble, porque es un reptil. Y es el símbolo de la fertilidad y de la abundancia.

–Tenemos que seguir buscando, chicos. Vamos a ver qué nos dice Martín.

Los cuatro se tomaron la tarde libre y dieron un paseo por la ciudad.

Capítulo 8

Cuando volvieron a la casa, todos tenían la sensación de que los habían estado observando.

–¿Viste al que nos sacó la foto? –preguntó Roberta.

–Yo vi a alguien escondido mirándonos –dijo Lorenzo.

–¿Qué están tramando? –dijo una voz grave a sus espaldas.

Era el abuelo Efraín, que había oído parte de la conversación. Entre todos le contaron los descubrimientos. Y le mostraron las fotos. El abuelo se acarició el mentón y dijo:

–Bueno, en primer lugar, hay una leyenda que dice que algunas aldabas de Cartagena son de oro...

–La de su foto –dijo Alejo tímidamente. Abrió su mochila y se la mostró al abuelo.

–Veo que no pierdes el tiempo. Y que además eres un niño muy observador.

–La aldaba de la foto existe, y es de oro. Pero es la única y está expuesta en el museo.

–Pero a lo mejor no es la única –continuó Alejo.

–Y por eso las están cambiando –dijo Roberta.

–Los tornillos son una evidencia. Acá, con el aire del mar, todo se oxida muy rápido. Estos tornillos están nuevecitos –murmuró el abuelo.

–¡Tengo una idea! ¿Hay muchas ferreterías en Cartagena? –preguntó Alejo.

–No, solo dos o tres, pero pueden haberlos comprado en el mercado de Bazurto –siguió el abuelo.

–O en cualquier otro lado –concluyó Lorenzo, desanimado.

–Esta noche vamos a quitar un tornillo de alguna aldaba y mañana vamos a recorrer las ferreterías –propuso el abuelo.

Por seguridad sacaron tres tornillos, de diferentes aldabas. Nadie se asombró al comprobar que eran idénticos. Esa noche los chicos durmieron muy mal, un poco por el calor, y otro poco porque estaban muy emocionados con todo lo que estaba pasando. Marta no podía creer que a las seis estuvieran todos de pie. Efraín propuso ir temprano, para evitar las colas de gente. Y a los curiosos. Como todo el mundo lo conocía en la ciudad, estaba seguro de que no iba a tener problemas para obtener la información.

En la primera ferretería le dijeron que ellos no vendían ese tipo de tornillos.

–Una menos –dijo el abuelo al salir.

Entró en la de al lado e hizo la misma pregunta. Si tenían tornillos como esos. Nada. Le recomendaron ir al mercado de Bazurto.

–Por suerte ahí hay solo dos ferreterías –dijo el abuelo durante el viaje en taxi.

Se bajaron en una calle ancha, llena de gente, de camiones que entraban, descargaban y salían. Un verdadero caos.

El abuelo preguntó dónde estaban las ferreterías y caminaron por unos pasillos oscuros y sucios a los que daban puestos y tiendas. Había una zona dedicada a la fruta y la verdura, otra a la carne, otra al pescado. Aquello era inmenso. El olor a especias se mezclaba con el olor a carne cruda.

En la primera ferretería había ya bastante gente. El abuelo volvió a mostrar el tornillo.

–Sí, tenemos. Pero nos quedan pocos porque se los han llevado todos –le dijo el empleado.

–¿Quién es el que está haciendo un barco con ellos? A lo mejor quiere revenderlos... –le respondió el abuelo tratando de sacarle información.

–Bueno, no pierde nada con probar. Un momentico, que voy a ver la factura y le digo quién los compró.

Regresaron a la casa para el almuerzo, con calor y satisfechos.

–Y ahora, ¿qué hacemos? –preguntó Lorenzo.

–Ahora almorzamos, dormimos la siesta y esta noche damos un paseo con un destornillador, quitamos una aldaba y analizamos si es original o no –concluyó Efraín.

Capítulo 9

Por la tarde Alejo fue al locutorio a ver si había algún correo de Martín. Encontró tres mensajes nuevos.

Primer mensaje:

¡Hola, Alejo!

Te mando la información que logré encontrar.

1. "Aldaba" es una palabra de origen árabe, que originalmente significa "lagarta" por su parecido con dicho animal.
2. La figura del león representa al Sol, pero en las puertas y entradas de las casas simboliza la protección divina.
3. Encontré también un estudio sobre las aldabas en La Habana. Por lo que dice el estudio, hay muchos puntos en común con Cartagena. Las dos ciudades eran puertos de esclavos. Es bastante largo, así que te resumo la idea principal: la técnica empleada es hispánica, pero la presencia de elementos con forma de animales es africana. Salvo el caso del león, que se encuentra también en Europa.

Bueno, espero haber sido útil. Por lo que veo, me estoy perdiendo una superaventura.

Un abrazo muy fuerte a todos. Saludos de mis padres, de Silvia y de Irma.
Martín

Segundo mensaje:

Te mando un beso,
María José

Tercer mensaje:

¡Hola, Alejo!
Los invitamos a pasar los últimos días en Bogotá, en nuestra casa.
Escríbeme cuando puedas.
Un abrazo a todos,
Gerardo

Alejo gastó unos pesos más e imprimió el mensaje de Martín para mostrárselo a todos. Y les contó que Gerardo los había invitado a Bogotá. Pero para eso tenían que esperar a Elsa y a Julián.

–A mí me parece que es auténtica –comentó Efraín, con una lupa en la mano.

–Entonces, nada tiene sentido –dijo Alejo.

–Alguna explicación tendrá. Pelados, mañana, a primera hora, vamos a la policía y ponemos una denuncia.

–Sí, como además nos siguen... –dijo Roberta casi pensando en voz alta.

–¿Los siguen? ¿Quién? ¡No me dijeron nada!

–Era para no preocuparte, abuelo –se disculpó Lorenzo.

–¡Eso no se hace! ¡No se puede jugar con estas cosas! Y ahora... todos a la cama.

–¿Y la aldaba? ¿No vamos a ponerla en su sitio? –preguntó tímidamente Alejo.

–¡A la cama, he dicho!

Capítulo 10

Los chicos durmieron muchas horas. Cuando se levantaron el abuelo los esperaba con bollos frescos para el desayuno. Todos se sorprendieron al verlo tan contento. La noche anterior parecía enfadado.

–Fui a la policía y hablé directamente con el Coronel. Para algo fui alcalde...

–¿Y? ¿Qué pasó? –preguntó Lorenzo.

–Los que los seguían eran policías vestidos de civil. Estaban siguiendo una pista y como vieron que ustedes sacaban muchas fotos, pensaron que...

–¿Que los ladrones éramos nosotros? –dijo Ángela riéndose.

–O sea, ¿que sabían que alguien estaba quitando las aldabas de las casas? –preguntó Alejo.

–En realidad todo empezó cuando detuvieron a un turista extranjero, en el aeropuerto, con una maleta cargada de aldabas. Declaró que se las había comprado a alguien en la calle, cosa muy probable.

–Y por eso mandaron a los agentes de civil a ver si descubrían algo –dijo Roberta.

–Les di el nombre y la dirección que nos dio el ferretero. Con un poco de suerte esta tarde sabremos algo –concluyó el abuelo.

Los chicos estaban terminando el café con leche y los bollos cuando de repente llamaron a la puerta. Eran Elsa y Julián.

–¡Qué alegría! –gritaron todos y corrieron a abrazarlos.

–¿Se portaron bien? –preguntó Julián mirando a Efraín y a Marta.

–Son unos niños muy buenos –dijo Marta.

–Y excelentes detectives –añadió Efraín.

–¿Otra vez? –exclamó Elsa.

Los chicos se interrumpían unos a otros para contarles las novedades a sus padres.

–Esto se merece un premio –dijo Julián entusiasmado.

–Tenemos un día libre. Así que mañana nos vamos de excursión a las islas del Rosario –anunció Elsa.

–¿Podemos ir a Bogotá a casa de Gerardo? –preguntó Alejo.

–Efraín dice que él nos puede llevar al aeropuerto y allí nos recoge Ismael –insistió Ángela.

–Y Lorenzo también quiere venir –continuó Roberta.

En ese momento sonó el teléfono. El abuelo fue a responder, y mientras tanto los chicos intentaban convencer a Elsa y a Julián para ir a Bogotá. A los quince minutos regresó Efraín.

–Buenas noticias, mi gente.

Se hizo silencio de inmediato. La expectativa era total y absoluta.

–¡Atraparon a los ladrones! ¡Y gracias a ustedes!

–¡Y a usted, Efraín! –acotó Alejo.

–Cuenta, cuenta –dijo Lorenzo.

–El nombre y la dirección correspondía a un taller de herrería. Solo que además de trabajos normales, se dedicaban a otro tipo de trabajos...

–Quitaban la aldaba, sacaban el molde, la copiaban y se la vendían a los turistas ricos –dijo Alejo.

–¡Exacto! –exclamó el abuelo– ¡Serás un excelente detective! ¡O un excelente escritor! –concluyó.

–Como Gabo... susurró Alejo.

–Y además, vamos a salir en *El Universal*. Esta tarde nos hacen una entrevista –agregó Efraín.

–¡Iuju! –exclamaron todos.

"Por algo se empieza" –pensó Alejo, que se moría de ganas de seguir con la lectura de *Cien años de soledad*.

Después de leer: comprensión lectora

1. **Responde verdadero o falso a las siguientes afirmaciones y corrige las falsas.**

F **1.** Las gemelas se quedaron en Madrid en Semana Santa.
Las gemelas viajaron a Buenos Aires.

☐ **2.** Diego nació en España.

☐ **3.** Diego y las gemelas han formado un grupo de rock.

☐ **4.** Bogotá está a 800 metros de altura.

☐ **5.** En Bogotá todos se sintieron mareados.

☐ **6.** Los abuelos de Diego viven en el centro de Cartagena.

☐ **7.** Elsa y Julián se quedaron en casa de los abuelos de Diego.

☐ **8.** Cartagena está rodeada de una muralla.

☐ **9.** Alejo no sabía quién era Gabriel García Márquez.

☐ **10.** Alejo empezó a leer *El amor en los tiempos del cólera*.

☐ **11.** Alejo empezó a fotografiar las aldabas para hacerle un regalo a Efraín.

☐ **12.** En Cartagena es peligroso andar solo por la calle.

- [ ] **13.** Alejo llevaba una cámara digital.

....

- [ ] **14.** En Cartagena hubo una aldaba de oro.

....

- [ ] **15.** Los animales de las aldabas tenían un significado para los ladrones.

....

- [ ] **16.** Martín colaboró en la investigación.

....

- [ ] **17.** Los ladrones perseguían a los chicos.

....

- [ ] **18.** La policía sabía del robo de las aldabas.

....

- [ ] **19.** Los tornillos fueron fundamentales para la investigación.

....

- [ ] **20.** El mercado de Bazurto está en el casco antiguo.

....

- [ ] **21.** Los chicos saldrán por TV.

....

Gramática y vocabulario

1. Señala cuáles de estas palabras son colombianismos.

☐ colectivo	☐ pelado
☐ buseta	☐ paella
☐ arepa	☐ bacano
☐ mate	☐ alfajor
☐ subte	☐ dulce de leche

2. **Completa las siguientes oraciones con los verbos correspondientes en pretérito indefinido.**

1. En Bogotá los chicos .... (conocer) a los hijos de Gerardo.
2. Efraín los .... (llevar) a dar un paseo por la ciudad.
3. Marta y los chicos .... (ir) a la playa.
4. Los abuelos de Diego .... (ser) muy amables.
5. Ángela y Alejo .... (querer) incluir a Roberta y Diego en la investigación.
6. El primer día, Diego no .... (poder) acompañar a sus amigos en el paseo.

3. **Detecta errores en esta lista de verbos en pretérito imperfecto y corrígelos.**

- cantabo → ....
- sabía → ....
- estábamos → ....
- podiais → ....
- querías → ....
- erais → ....
- comiba → ....
- tomaban → ....
- leíban → ....
- empezábamos → ....

4. **Una de estas palabras no pertenece a la serie. Márcala con un círculo.**

1. avión - viaje - aeropuerto - maletas - pasaporte - muralla.
2. playa - olas - bañador - carpa - locutorio - sol.
3. puerta - aldaba - tornillo - collar - destornillador.
4. arepas - ordenador - ajiaco - plátano - jugos.

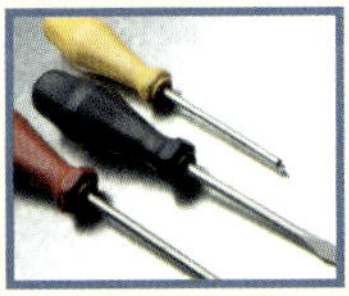

5. **Solo uno de estos dos verbos es correcto. Márcalo con un círculo y escríbelo.**

1. Cuando .... (llegaron/llegaban) a Cartagena, ya .... (era/fue) de noche.
2. Efraín le .... (prestó/prestaba) un libro a Alejo.
3. Elsa y Julián .... (viajaron/viajaban) a Colombia porque .... (tuvieron/tenían) un trabajo.
4. Gerardo .... (invitó/invitaba) a los chicos a Bogotá.
5. Efraín .... (tuvo/tenía) una biblioteca enorme.
6. Los ladrones .... (copiaron/copiaban) las aldabas.
7. El abuelo y los chicos .... (encontraron/encontraban) los tornillos en el mercado.
8. Ángela .... (se compró/se compraba) un collar de semillas.

Expresión escrita

1. **Describe tu ciudad o tu pueblo. ¿Cómo es? ¿Qué hay? ¿Te gusta?**

2. **Imagina que tienes que hacer un folleto turístico de Cartagena. Escribe el texto e incluye las información necesaria.**

Expresión oral

1. **Elige una de las palabras de la lista y defínela sin nombrarla. Tus compañeros deberán adivinarla.**

mareo ■ guayabera ■ archivo ■ huracán ■ carro ■ hamaca ■ caballito de mar

2. **¿Bogotá o Cartagena? ¿Cuál de las dos ciudades te gustaría conocer? Explica por qué.**

Me gustaría conocer Bogotá porque...

Me gustaría conocer Cartagena de Indias porque...

3. **¿A dónde has viajado últimamente? Cuéntale a tus compañeros cómo fue el último viaje que hiciste, con quién, qué actividades realizaste, etc. Toma notas del viaje de tu compañero.**

Aguapanela	Viene de "agua de panela". La panela es un derivado de la caña de azúcar. Se usa para hacer infusiones.
Ajiaco	Plato típico de Bogotá.
Alcalde/alcaldesa	Máxima autoridad que gobierna una ciudad.
Aldaba	Pieza metálica que se pone en una puerta para llamar con ella.
Arepas	Panecillos hechos de harina de maíz blanco.
Aretes	En España se llaman "pendientes" y se llevan en las orejas. Sobre todo, las mujeres.
Asunto	En un mensaje de correo electrónico, es el título o el tema.
Bacano/a	Palabra que se usa en Colombia para decir que algo es muy positivo.
Benidorm	Ciudad de la costa española, famosa por sus altos edificios.
Bocagrande	Zona turística por excelencia. Hay hoteles de lujo y todo tipo de diversiones.
Botero, Fernando	Pintor colombiano contemporáneo. Es famoso por pintar a personajes gordos.
Buseta	En Colombia, autobús pequeño.
Carpa	Estructura metálica con tela por encima para protegerse del sol.
Casco antiguo	Centro histórico.
Che	Expresión típicamente argentina.
Cien años de Soledad	Obra cumbre de Gabriel García Márquez, publicada en 1967, que le valió el Premio Nobel de Literatura en 1982.
Coletazo	Última parte o manifestación de algo.
Cumbia	Ritmo típicamente colombiano, mezcla de la tradición indígena, africana y española.
De civil	Con ropa normal, sin el uniforme.
El Universal	Uno de los periódicos de Cartagena de Indias.
Esperame	Imperativo del pronombre "vos". Espérame es la forma con "tú".
Estar en su salsa	Expresión que se usa para indicar que alguien se siente muy a gusto.
Estrenar	Usar algo por primera vez. Se dice también de las películas y las obras de teatro el primer día que se presentan.
Guapísimo/a	Expresión coloquial para decir "muy bonita".
Guayabera	Camisa masculina, típica de la zona. Suele ser de colores claros y puede llevar bordados u otros adornos.
Hipocampo	Sinónimo de "caballito de mar".
Islas del Rosario	Conjunto de islas que están en los alrededores de Cartagena. Es una excursión clásica.
¡Iuju!	Onomatopeya que se usa para expresar alegría y celebrar algo.

La Agencia Española de Cooperación Internacional	Órgano que depende del Ministerio de Relaciones Exteriores; se creó en noviembre de 1988 como órgano de gestión de la política española de cooperación internacional para el desarrollo.
La comida es la cena	En Colombia, al mediodía se almuerza, y por la noche, se come. O sea, "almuerzo" corresponde a "comida" en el España y "comida", a "cena."
Liadísimo/a	Palabra coloquial que quiere decir "muy ocupado".
Liga	Se refiere a la competición nacional de fútbol.
Llave	En algunos países se dice como en inglés: *pen drive*.
Locutorio	Lugar donde se puede llamar por teléfono. Casi todos tienen también ordenadores con conexión a Internet.
Mami	Suele usarse en toda la región del Caribe para tratar a una mujer.
Mareado/a	Malestar físico. Suele ir acompañado de náuseas y sensación de pérdida de equilibrio.
Me acompañás	Presente con el pronombre "vos".
Me da pesar	En Colombia quiere decir "lo siento mucho".
Mercado de Bazurto	Mercado central de Cartagena. Está fuera de la ciudad amurallada.
Museo del Oro	Allí se encuentra una de las más importantes colecciones de piezas de oro del mundo prehispánico.
No se preocupe	En Colombia el pronombre "usted" se usa para tratar a miembros de la familia, o para relaciones de confianza.
Ojo de venado	Semilla marrón, muy común en la región. Se dice que son "los ojos de las plantas".
Oxidarse	Efecto del hierro en contacto con el aire.
Palenque de San Basilio	Pueblo a 70 km de Cartagena.
Papelera	Representada en el ordenador con la imagen de una papelera, es el sitio donde van los archivos eliminados.
Patacón	Plátano frito, con sal.
Pelado/a	En Colombia, un "pelado" quiere decir "niño".
Rascacielos	Edificio muy alto.
Ratico	En Colombia suelen usarse diminutivos terminados en "ico", como ratico, momentico, etc.
Ratón	En muchos países se llama *mouse*.
Reyes Magos	En España los regalos de Navidad los traen Los Reyes Magos, no Papá Noel.
Ron	Bebida alcohólica típica de la zona.
Sombrero vueltiao	Sombrero tradicional de la costa colombiana.
Tornillo	Pieza metálica con rosca que sirve para unir o sostener dos elementos.
Trato hecho	Fórmula que se usa para cerrar un trato.
Vallenato	Ritmo típico de la zona de Valledupar. Se toca con un acordeón, entre otros instrumentos.

Antes de empezar a leer

1. 1. Argentina; 2. Chile; 3. Colombia; 4. Perú.
2. Ecuador: Quito y Guayaquil; Chile: Valparaíso; Colombia: Medellín, Bogotá, Cali y Cartagena de Indias; Argentina: Córdoba y Mendoza; Uruguay: Montevideo.
3. b. Ingrid Betancourt; e. Fernando Botero; g. Gabriel García Márquez.
4. a. V; b. F; c. V; d. V; e. V; f. F; g. F; h. V.
5.

B	I	M	E	T	O	C	V	I	A	D	U
I	R	E	S	M	E	R	A	L	D	A	S
O	Q	U	E	S	A	D	I	L	L	A	S
D	I	C	A	F	É	P	U	N	T	O	S
I	L	V	A	L	L	E	N	A	T	O	C
V	Z	A	R	O	N	U	N	C	A	T	O
E	B	R	U	R	O	X	A	C	E	R	G
R	S	U	R	E	C	A	M	A	S	T	A
S	A	M	B	S	Y	A	S	R	I	L	E
I	E	S	T	C	U	M	B	I	A	O	L
D	I	A	M	A	N	T	E	B	E	S	L
A	B	S	O	L	U	T	A	E	S	S	O
D	I	N	O	S	A	U	R	I	O	U	S

6. a. V; b. F; c. F; d. F; e. V.

Párate un momento

1. Capítulo 1: c; Capítulo 2: b; Capítulo 3: a; Capítulo 4: c; Capítulo 5: b.
2. 1. b; 2. a; 3. b; 4. a.

Después de leer: comprensión lectora

1. 2- F (Diego nació en Colombia); 3- V; 4- F (Bogotá está a 2600 metros de altura); 5- V; 6- V; 7- F (Elsa y Julián se fueron a trabajar a un pueblo); 8- V; 9- V; 10- F (Alejo empezó a leer *Cien años de soledad*); 11- V; 12- F (Cartagena es una ciudad tranquila); 13- V; 14- V; 15- F (Resultó ser una pista falsa); 16- V; 17- F (Era la policía quien observaba a los chicos); 18- V; 19- V; 20- F (El mercado de Bazurto está fuera de la ciudad amurallada); 21- F (Los chicos saldrán en un periódico).

Gramática y vocabulario

1. buseta, arepa, pelado, bacano.
2. 1. conocieron; 2. llevó; 3. fueron; 4. fueron; 5. quisieron; 6. pudo.
3. cantaba; podíais; comía; leían.
4. 1. muralla; 2. locutorio; 3. collar; 4. ordenador.
5. 1. llegaron – era; 2. prestó; 3. viajaron – tenían; 4. invitó; 5. tenía; 6. copiaban; 7. encontraron; 8. se compró.

Colombia

La República de Colombia es, por su extensión, el cuarto país más grande de América del Sur, con una superficie de 2 070 408 km^2, incluidas las islas de San Andrés y Providencia. Limita al este con Venezuela y Brasil, al sur con Perú y Ecuador, y al noroeste con Panamá. Cuenta con unos 44 millones de habitantes, con una fuerte presencia de comunidades indígenas.

Colombia está dividida en 32 departamentos y un distrito capital, Bogotá, que tiene casi 7 millones de habitantes. Otras ciudades importantes son Medellín y Cali.

Gonzalo Jiménez de Quesada fundó, en 1538, el Nuevo Reino de Granada, en el territorio de la actual Colombia.
En 1810 declaró su independencia de España, y en 1819 Simón Bolívar, héroe de la Independencia, se convirtió en el primer presidente del país.

Por su latitud, en la zona del Ecuador, Colombia tiene un clima tropical, pero la presencia de montañas hace que muchas zonas sean frías. Hay dos estaciones secas y dos de lluvias.

Ciudad Perdida

Un caso curioso es el de la Sierra Nevada de Santa Marta, cadena montañosa de la costa norte del país. Su pico más alto alcanza los 5775 metros. En sus cumbres hay nieves eternas, mientras que en la base tiene un clima cálido y tropical. En 1976 se descubrió Ciudad Perdida, enclave arqueológico que data del 800 d.C., hoy protegido dentro del Parque Nacional Sierra Nevada de Santa Marta, que es la formación montañosa litoral más alta del mundo y es Patrimonio de la Humanidad.

El Parque Arqueológico San Agustín, a 520 km de Bogotá, es uno de los conjuntos precolombinos más importantes del continente. Se trata de un centro ceremonial donde los antiguos habitantes enterraban a los muertos. Por eso cuenta con muchos Parques Nacionales y áreas protegidas.

El café colombiano es famoso en todo el mundo y su producción se concentra sobre todo en la región denominada Eje cafetero, ubicada en el centro del país.
Además, Colombia es un importante exportador de productos agrícolas tales como: banano, azúcar, aceite de palma y flores, como las orquídeas, que es la flor nacional.
Colombia destaca además por la producción de carbón, petróleo y esmeraldas.

En Colombia hay un importante patrimonio musical, con ritmos como la cumbia, la salsa y el vallenato.
Pero la figura internacionalmente más famosa es la cantante Shakira, sin olvidar a Juanes, quien ha liderado una importante campaña mundial contra la erradicación de las minas antipersonales.

En lo referente a la literatura, no podemos dejar de citar a Gabriel García Márquez, que obtuvo el Premio Nobel en 1982 por *Cien años de soledad*. Álvaro Mutis es también otro escritor colombiano de renombre mundial.

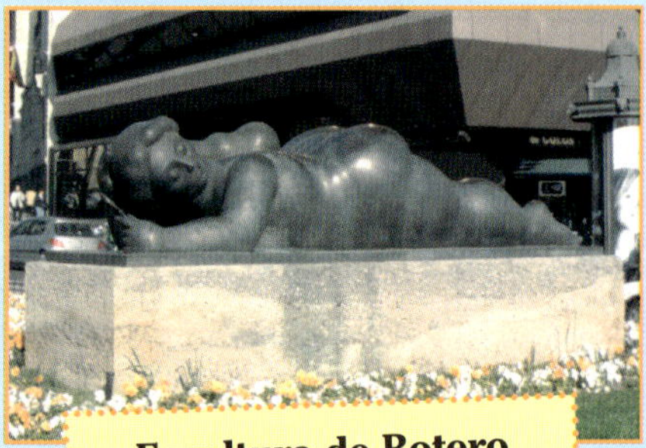

Escultura de Botero

Fernando Botero es quizás el pintor y escultor más conocido, famoso por sus figuras de gordos.

El deporte más importante en Colombia es el fútbol, aunque muchos consideran el tejo como el deporte nacional. El tejo es un deporte autóctono, muy difundido en el centro del país. En la costa norte, además del fútbol, es muy importante el béisbol, deporte que cuenta con representantes en las grandes ligas de los Estados Unidos, como Edgar Rentería.

Colombia figura dentro de la máxima categoría del automovilismo mundial gracias a Juan Pablo Montoya.

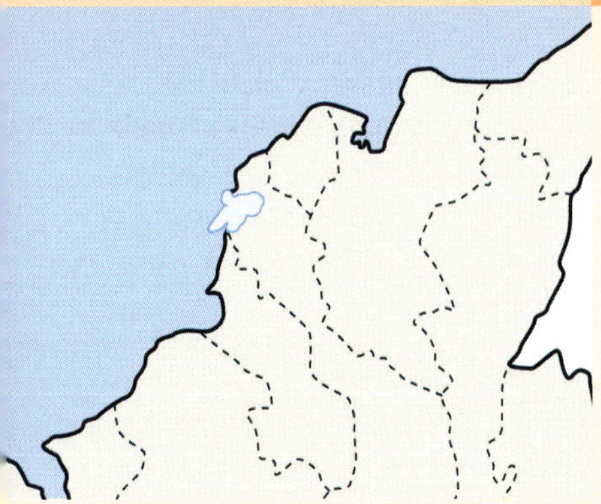

Cartagena de Indias

Ubicada a orillas del Mar Caribe, es la quinta ciudad del país en orden de importancia, pero la primera para el turismo.

En 1984 la UNESCO la declaró Patrimonio Histórico y Cultural de la Humanidad.

Fue fundada en 1533 por Pedro de Heredia y durante la época colonial fue una de las ciudades más importantes del continente, dado que de allí salían las mayores riquezas hacia España.

Cartagena de Indias

Muralla de Cartagena

Fue también el mayor punto de comercio de esclavos traídos de África. Fue asaltada varias veces por piratas y tropas inglesas, francesas y holandesas. Por eso el rey de España mandó construir una muralla para defenderla.

Cartagena es además una maravillosa ciudad colonial, de casas bajas con rejas y balcones de madera. Muchos edificios e iglesias que parecen de piedra, están construidos con coral blanco.

Monasterio de San Pedro Claver

Cartagena cuenta con 14 construcciones religiosas, entre las que destacan la Catedral, el Convento e Iglesia de Santo Domingo, la Iglesia y Monasterio de San Pedro Claver, entre otras.

Fuera de la ciudad amurallada se encuentra el Castillo de San Felipe de Barajas (1536-1657), que protegió a la ciudad de diversos ataques de piratas. En el interior hay galerías, trampas y túneles.

Los mejores ejemplos de edificios públicos son la Aduana, donde actualmente funciona la Alcaldía, y el Palacio de la Inquisición.

Fortaleza de San Felipe

La Bahía de Cartagena está rodeada de islas y lagunas. Una de las excursiones clásicas es la de las Islas del Rosario, una serie de 27 islas coralinas que son Parque Nacional. Para ir a las islas se pasa por el Fuerte de San Fernando y Fuerte de San José de Bochica.

Otra de las atracciones de Cartagena son sus playas. Bocagrande y Laguito son las más visitadas por los turistas.

A unos 70 km de la ciudad se encuentra Palenque de San Basilio. Fue fundada por esclavos rebeldes en el siglo XV, liderados por Benkos Biohó. El hecho de haber permanecido aislada permitió a sus habitantes mantener la mayoría de las tradiciones culturales africanas (música, medicina, ritos fúnebres, organización social). Además, allí se habla una lengua de origen africano: el palenquero. Se considera que es el primer pueblo libre de América. Sus calles de tierra, su música y la calidez de su gente nos hace sentirnos en otra época.